Klaus Väthröder (Hg.)

# Der Himmel kann warten

Meditationen von Joe Übelmesser SJ

**Joe Übelmesser SJ**

Zu seinem 80. Geburtstag danken
wir Joe für all die Zeit, die er mit uns
geteilt hat und noch teilen wird.
Denn wir sind der Meinung, dass der
Himmel auf ihn ruhig noch ein paar
Jahre warten kann!

»Zeit ist wie Sand,
der unaufhaltsam durch die Finger rinnt.
Minuten und Sekunden ticken fort
und buchstabieren immerfort
Vergänglichkeit, Vergänglichkeit.

Doch Zeit ist auch wie Brot.
Und beides schmeckt nur gut,
wenn man sie mit den anderen teilt.«

Joe Übelmesser SJ

# Inhalt

## Vorwort

Joe Übelmesser ist ein Künstler des Wortes, der Bilder aus Asien, Afrika und Lateinamerika zu uns sprechen lässt. In seinen Meditationen hebt er Schätze: Blicke, Nuancen, Gefühle, Gedanken, die wir oft erst durch seine Worte in den Fotografien und Kunstwerken entdecken.

Zwei große Leidenschaften verbindet der mittlerweile 80-jährige Jesuit in den Bildmeditationen: Seine Liebe zu anderen Kulturen und sein Spiel mit Bildern, die er mittels Worten seinen Lesern und Zuhörern in die Seele zeichnet. Seit Jahrzehnten haben die Meditationen von Joe Übelmesser einen festen Platz in *weltweit*, dem Magazin der Jesuitenmission.

Auf vielfachen Leserwunsch und als Jubiläumsgabe für Joe haben wir aus der Fülle an Meditationen für dieses Buch eine Auswahl getroffen, die quer durch Zeit und Stile geht. Christliche Kunst aus Indien nimmt dabei – biographisch bedingt – einen breiten Raum ein. Denn seit seinem Theologiestudium in Pune ist der indische Subkontinent für Joe zu einer zweiten Heimat geworden.

Schon als kleiner Messdiener im oberpfälzischen Heimatdorf Poppenreuth und später als Gymnasiast in Regensburg wollte Joe Priester werden. Nach dem Krieg kamen oft Missionare ins Knabenseminar nach Regensburg und erzählten von ihrer Tätigkeit in der weiten Welt. Die Folge war eine wachsende Ordens- und Missionsbegeisterung – nicht nur bei Joe. Nach dem Abitur traten mit ihm zehn Klassenkameraden in einen Orden ein.

Joe entschied sich für die Jesuiten und noch heute versichert er glaubhaft, nur die gelegentlichen bunten Abende, an denen er mit enthusiastischer Theaterfreude mitwirkte, hätten das damals sehr strenge Noviziat erträglich gemacht.

Nach Studien der scholastischen Philosophie sowie einem dreijährigen Einsatz in der Jugendarbeit war es endlich so weit: 1959 begann für den 27-jährigen Joe die Reise nach Indien. Er schiffte sich in Rotterdam auf einem dänischen Frachter mit Kurs nach Bombay ein. Sein Auftrag: Er sollte am De Nobili College in Pune Theologie studieren und hautnah die Mission erleben, um anschließend die Missionsprokur in Nürnberg zu leiten. Diesen Auftrag erfüllte Joe mit Freude. Er fand unter seinen indischen Kommilitonen Freunde fürs Leben. Er bereiste in den Ferien das riesige Land und lernte in verschiedenen Bereichen die Pionierarbeit der Jesuitenmissionare kennen. Er erlebte im Studium erste Versuche, indische Philosophie und Kultur in das theologische Denken mit einzubeziehen. Und er entdeckte seine Liebe zur indischen Kunst.

1965 übernahm Joe von Pater Footterer die Leitung der Missionsprokur in Nürnberg, die als Verbindungsstelle zwischen den deutschen Jesuitenmissionaren draußen und den Freunden und Spendern in der Heimat diente. In seiner 35-jährigen Dienstzeit als Missionsprokurator baute er sie zu einem effizienten Hilfswerk aus, setzte viele neue Akzente, wurde eine stadtbekannte Institution, prägte und begleitete eine ganze Generation von Missionaren, Projektpartnern, Spendern und Wohltätern.

Einem seiner Herzensanliegen – neben allen anderen wichtigen und dringenden Aufgaben – blieb Joe in all den Jahrzehnten treu: Der Förderung einheimischer christlicher Kunst, vor allem in Indien und Indonesien. Während seiner Zeit in Indien

kam er in Kontakt mit den Anfängen einheimischen christlichen Kunstschaffens. Er lernte viele Künstler, unten ihnen Solomon Raj, Jyoti Sahi und Arun Pardhe, persönlich kennen, blieb in Verbindung und förderte als Missionsprokurator gezielt ihre Arbeit als Teil der Inkulturation des christlichen Glaubens in asiatische Ausdrucksformen. Aus dieser Förderung entstand auch das Kunstarchiv der Missionsprokur mit einer Fülle von Originalgemälden und Kunstgegenständen.

„Christliche Kunst aus anderen Kulturkreisen hat für mich schon immer etwas Faszinierendes an sich gehabt", bekannte Joe in einem 1988 veröffentlichten Artikel. „Es ist vermutlich die seltsame Kombination von Elementen, die man auf Anhieb erkennt, verbunden mit der Fremdartigkeit der Darstellung."

Über das Magazin *weltweit* öffnete Joe diese Kunst einem breiten Publikum. Schon bald entstand die Tradition, in jeder Weihnachtsausgabe eine oft eigens dafür gestaltete Bildreihe vorzustellen und mit erklärenden und meditativen Texten zu ihrer Betrachtung einzuladen. Zwei solcher Bilderzyklen des indischen Malers Jyoti Sahi haben wir komplett in dieses Buch aufgenommen, aus vielen anderen Bildreihen weiterer Künstler haben wir eine kleine Auswahl treffen müssen.

Als Joe im Jahr 2000 die Leitung der Missionsprokur an Peter Balleis SJ übergab, blieb er für alle *weltweit*-Leser auf neue Weise präsent: In fast jeder Ausgabe findet sich seitdem eine Bildmeditation von Joe Übelmesser. Die Fotos stammen aus Hilfsprojekten der Jesuitenmission, sie zeigen Hoffnung, aber auch Katastrophen, Flucht, Armut und Leid. Mit seinen Meditationen reflektiert Joe auch immer die Arbeit und Aufgaben, die für uns in der Jesuitenmission anstehen. Sie zeigen auf eindrückliche Weise: Es geht in der Hilfe und Förderung von Projekten immer um den einzelnen Menschen, um sein Schicksal, um sein Leben, um seine Zukunft. Der einzelne Mensch – egal ob Kind, Mann oder Frau, egal ob in Afrika, Asien oder Lateinamerika – ist unsere Schwester oder unser Bruder. Mit Empathie und Nächstenliebe einander in die Augen schauen – diese Botschaft steckt für mich in vielen von Joes Meditationen.

Seit 2007 leite ich nun als Nachfolger von Peter Balleis SJ die Jesuitenmission in Nürnberg. Zum

ersten Mal bin ich Joe vor mehr als 25 Jahren begegnet. Als Novizen haben wir in der Missionsprokur während der Adventszeit geholfen, die vielen Dankbriefe an Spender zu verpacken. Nach getaner Arbeit bekam – wer wollte – von Joe einen Schnaps eingeschenkt. Damals hätte ich mir nie vorstellen können, einmal sein Werk beerben und diese Zeilen schreiben zu dürfen.

Faszinierend an Joe sind sein herzliches, offenes Wesen und seine Fähigkeit, mit Menschen aller Art sofort ins Gespräch zu kommen. Ob es die obdachlosen Männer im *Domus Misericordiae* in Nürnberg sind, wo er wöchentlich eine Messe feiert, oder Angehörige des deutschen Hochadels – alle behandelt er mit gleichem Respekt und großer Zuneigung.

1997 habe ich nach meiner Rückkehr aus Venezuela drei Jahre lang als Joes Mitarbeiter das Handwerk eines Missionsprokurators gelernt. Zum Beispiel die vier wichtigsten Worte eines Prokurators: „Bitte und Danke, Guten Tag und Auf Wiedersehen." Oder: „ Die wirklich wichtigen Sachen über die Menschen und das Leben lernt man nicht aus der Zeitung, sondern aus Krimis." Joe hat die Missionsprokur als eine große

Familie aufgebaut, bei der alle mithelfen, um das gemeinsame Ziel zu erreichen. Das Teamfrühstück und der Nachmittagskaffee sind wichtige Treffpunkte, bei denen die Arbeit besprochen, aber auch die große Weltpolitik unorthodox verhackstückt wird. Und alle Gäste sind immer willkommen.

Die Pflege vieler Kontakte zu Wohltätern und Besuchern aus Indien und anderen Ländern führt Joe auch heute immer wieder in die Jesuitenmission. Das ganze Team – die Alten und die Neuen – freuen sich, wenn Joe, lebhaft wie eh und je, auftaucht und seine neuesten Ansichten zur Kenntnis bringt. Möge es noch lange so bleiben! Und dass die Zahl 80, mit der er sich seit dem 7. März 2012 schmücken darf, ihn nicht bange macht, zeigen diese jüngsten Zeilen von ihm. Da kann man nur sagen: „Typisch Joe!"

*Ich schau nicht in die Zukunft voller Bange*
*wie das Kaninchen auf die böse Schlange.*
*Viel lieber denke ich mir manches Mal:*
*die 80 ist doch auch bloß eine Zahl.*

*Auch wenn manchmal die Beine zwicken,*
*wenn zupft und zipft der steife Rücken,*
*deshalb ist's Leben doch kein Marterpfahl.*
*Und auch die 80 ist bloß eine Zahl.*

*In großer Dankbarkeit schau ich zurück.*
*Und auch nach vorn riskier ich einen Blick,*
*oh, nicht mehr weit – ich hab ja keinen Knall!*
*Trotzdem: die 80 ist bloß eine Zahl.*

*Ich hab vor mir, weil wir ja Christen sind,*
*noch ebenso viel Leben wie ein Kind;*
*ewiges Leben, mit dem Hochzeitsmahl.*
*Dagegen ist die 80 nichts als eine Zahl.*

Ich hoffe, dass die folgenden Seiten mit Bildmeditationen von Joe Übelmesser SJ sowohl dem Jubilar als auch allen Leserinnen und Lesern viel Freude bereiten!

**Klaus Väthröder SJ**
Missionsprokurator

## Kostbarer Augenblick

Mit hartem Griffel eingeschrieben
in seine Hände und in sein Gesicht
sind die Schrecken vergangener Tage.
Blick nicht zurück!

Sie sind nun abgelegt,
die alten Wunden dieser Jahre,
so wie ein Baum in seinen Ringen
das ganze Jahr aufschreibt,
grad so, als ob er wüsste,
dass irgendwann ein neuer Frühling blüht.
Blick nicht zurück.

Blick nicht so weit voraus,
bis Sorgen deine Stirn umwölken
und alte Fragen deine Seele plagen:
„Was wird wohl morgen sein?"
Blick nicht so weit nach vorn.

Schau lieber in das Tal hinab,
das sanft im Sonnenlichte liegt,
und nimm den Tag,
und nimm die Stunde
als ein Geschenk und gönne dir
den Augenblick kostbaren Friedens.

*weltweit* Ostern 2011
Foto: Ein alter Mann in Bamiyan/Afghanistan

9

## Der Brunnen

Jedes Mal mahnt mich der Brunnen:
Du musst hinuntersteigen
in die Brunnenstuben deines Herzens,
wo Erinnerungen schlafen,
wo vergessene Gefühle ruhen
und die Träume zu Hause sind.

Dort liegen die kühlen Wasser,
still wie ein Spiegel,
in dem du sehen kannst,
wer du bist.

Dann fällt ein Stein
vom Brunnenrand in die Tiefe
und ein Platschen hallt herauf.
Kleine Wellen kräuseln sich.
Sehnsüchte werden wach
und wollen aufsteigen.

Alles Verborgene will ans Licht,
damit es fruchtbar werde,
belebend, erfrischend und heilsam,
wie Wasser aus dem Brunnen,
das die Erde tränkt und die Menschen,
und auf die Fluren zaubert
das Grün der Hoffnung.

*weltweit* Herbst 2008
Foto: Brunnenbau in Liberia

## Lied der Erlösung

Wenn Gott die Initiative ergreift,
geraten unsere Vorstellungen ganz durcheinander.
Dann kann es geschehen,
dass ein Engel wie ein Blitz vom Himmel fällt,
um in Ehrfurcht die Füße eines Menschen zu berühren.

So ist es alter Brauch in Indien,
wenn ein Niedriggestellter sich dem Höheren naht.
Die ganze Welt scheint auf den Kopf gestellt
und nichts mehr ist unmöglich:
„Ja, bei Gott ist kein Ding unmöglich!"

Plötzlich gilt nicht mehr:
Du Gott dort oben in blauen Fernen
und wir hier unten auf der braunen Erde.
Denn das Gewand einer jungen Frau
hat unversehens das Blau des Himmels angenommen.

Die alten Religionen waren jahrtausendelang bemüht,
Melodien menschlicher Sehnsucht zu erfinden.
Nun greift Er selbst in die Saiten
und Maria wird zum Instrument,
auf dem Gott das Lied der Erlösung spielt.

*weltweit* Weihnachten 1983
Bild: Motiv aus dem Rosenkranz-Zyklus von Jyoti Sahi. Maria trägt einen Sari und spielt auf einer Veena. Mit diesem Musikinstrument wird in der indischen Mythologie die Göttin der Weisheit dargestellt. So verknüpft der Maler die Weisheitstradition seines Volkes mit der christlichen Botschaft.

*weltweit* Weihnachten 2011
Bild: Ölgemälde der indischen Künstlerin Anjali D´Souza, einer Schülerin von Jyoti Sahi. Die Bäume wandeln sich auf den zweiten Blick zu abstrakt gezeichneten Menschen, die ihre Arme und ihre Körper dem Licht der Erkenntnis entgegenstrecken.

## Licht der Erkenntnis

Licht, das uns leuchtet im Dunkel des Waldes.
Licht, das uns blendet, verblendet und blind macht.
Feuer, das wärmt in der Kälte der Nacht.
Feuer, das ganze Wälder verbrennt.
Menschengeist, der erforscht und versteht,
der plant und die Welt uns gestaltet.
Geist, der sich aber auch selbst überschätzt,
überhebt und dann nur umso tiefer fällt.

## Pilger der Trostlosigkeit

Unruhig trippeln ihre Füße,
als wüssten sie nicht mehr wohin.
Aufgewirbelt auf langen Wegen
klebt Staub an ihren Beinen,
vom Schweiße festgebacken.
Und stets die Angst im Nacken
und Durst in ihren Kehlen.

Unruhig trippeln ihre Füße,
als wollten sie nur eines,
immer weiter gehen, weiter
mit immer kürzeren Schritten.
Nur leise schlägt die Hoffnung
den Takt zu der Verheißung:
am Ende unseres Weges wartet Brot.

*weltweit* Herbst 2011
Foto: Flüchtlingskinder in Lobone/Südsudan

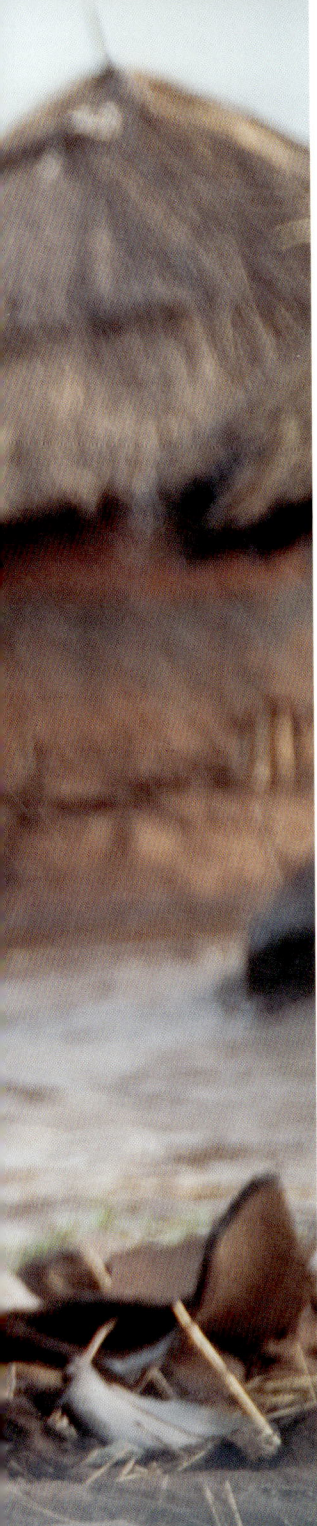

# Heimkehr

Manchmal,
wenn irgendwo auf der Welt für Menschen,
die geflohen sind von Haus und Hütte,
die Stunde schlägt zur Heimkehr,
mag es für einen Augenblick erscheinen,
als hätte man die Uhr zurückgedreht
und alles könnte weitergehen, gerade dort,
wo einst die Flucht begonnen hat.

Wer aber bringt zurück die vielen Toten,
die einsam unterwegs dahingeschieden sind.
Und wer ersetzt die Tage, Wochen, Jahre;
unwiederbringlich sind sie hingegangen,
erfüllt von Angst und Hoffnungslosigkeit.

Ja, es ist gut, dass nun die Waffen schweigen
und dass Verträge unterzeichnet werden.
So vieles haben diese Flüchtenden erlebt,
dass sie sich immer wieder fragen:
Kann man dem Frieden trauen?

Noch steht die Angst in den Gesichtern
und aus ihren Augen spricht die Mahnung:
„Vergesst uns nicht – und auch nicht jene,
die immer noch und immer wieder
vertrieben, heimatlos und ohne Hoffnung
durch fremde Lande irren auf der Flucht."

*weltweit* Herbst 2010
Foto: Ein Lager in Kitgum/Uganda
für heimkehrende Flüchtlinge

## Portrait einer Frau

Wie ein geschlossenes Buch.
Und auf dem Einband
weder Titel noch Verfasser.
Nur Augen, die nicht sehen
und ein Mund, der nicht spricht:
das Gesicht einer Frau.

Hinter der gestrichelten Linie,
fein wie ein Spinnenfaden,
gewoben aus Tradition und Tabus,
aus Bräuchen und Konvention
in langen Jahrhunderten.

Unerheblich erscheinen sie,
die gestrichelten Linien,
zufällig hingekritzelt
auf ein Blatt Papier.
Doch in Wirklichkeit
sind sie der Stacheldraht
um ein uraltes Gefängnis.

*weltweit* Pfingsten 2006
Bild: Das Gemälde der indischen Künstlerin
Sohini Das Gupta zeigt eine Frau und ein
Tier hinter Stacheldraht. Das rote Mal an der
Stirn wirkt wie Blut, so dass die Assoziation zu
Opferlamm und Sündenbock entsteht.

21

# Amazonas

Ganz leise nur kitzeln die Ruder
die breite Brust des Flusses,
der aufwogt und abwogt
im Rhythmus der Ruhe.
Schlaf wohl, Amazonas!

Doch weh, wenn er zürnt,
weil der Wind ihn weckt zur Unzeit.
Schon kräuselt er die Wellen,
wie einer, der aufwacht und
unwillig die Stirne runzelt.

Legt euch in die Riemen, Freunde, jetzt!
Da ist kein Platz für Menschen,
wenn die geballten Kräfte der Natur
miteinander spielen und ringen
im ewigen Kampf wie zur Urzeit.

Auf dem Fluss gilt nur eins.
Und nur eines gilt auch im Leben,
wo der Kampf bei den Menschen weitergeht:
dass wir das rettende Ufer erreichen.

*weltweit* Pfingsten 2008
Foto: Der Amazonas ist der wasserreichste Fluss der
Welt. Er misst fast 6.500 Kilometer von seiner Quelle in
Peru bis zur Mündung in den brasilianischen Atlantik.
Mit seinen über 1.000 Nebenflüssen speichert das
Amazonasbecken rund ein Fünftel des Süßwasservor-
kommens der Erde.

## Göttliche Weisung

*»Wohl dem Mann, der seine Freude hat an
der Weisung des Herrn, über seine Weisung
nachsinnt bei Tag und bei Nacht. Er ist wie ein
Baum, der an Wasserbächen gepflanzt ist, der
zur rechten Zeit seine Frucht bringt und dessen
Blätter nicht welken.« (vgl. Ps 1,2-3)*

Selig der Mann,
der den Baum umschlungen hält,
und der Baum hält den Mann.
Und die Rolle der heiligen Schrift,
in der das göttliche Gesetz enthalten ist,
hält beide fest zusammen.
Sie gehören zusammen, wie es heißt:
Wo ein Baum wächst,
dort kann auch ein Mensch leben.

## Verborgene Quelle

*»Mose sagte zu ihnen:*
*Hört, ihr Meuterer, können wir*
*euch wohl aus diesem Felsen*
*Wasser fließen lassen?*
*Dann hob er seine Hand hoch*
*und schlug mit seinem Stab zweimal*
*auf den Felsen. Da kam Wasser*
*heraus, viel Wasser, und die*
*Gemeinde und ihr Vieh konnten*
*trinken.«* (vgl. Num 20,10-11)

Wasser,
das versteckt und verborgen ist
in den Tiefen der Erde.
Nur wer mit sanfter Hand
an die harten Dinge rührt,
oder mit einem Stab,
der von Gott gesegnet ist,
kann die Quellen wecken.
Und auch jene, die im Herzen
der Menschen verborgen sind.

## Dornen und Disteln

*Der Herr aber sprach: »Lasst beides
wachsen bis zur Ernte. Wenn dann die
Zeit der Ernte da ist, werde ich den
Arbeitern sagen: Sammelt zuerst das
Unkraut und bindet es in Bündel, um
es zu verbrennen; den Weizen aber
bringt in meine Scheune.« (Mt 13,30).*

Auch Dornen und Disteln
dürfen wachsen bis zur Ernte.
Allzu leicht könnte man sonst
das Feld verwüsten mit hartem Stiefel
und die Vielfalt der Erde vernichten,
die uns als Ganzes anvertraut ist,
dass wir sie hüten und bewahren.

¹⁄₆/₀₂ ✝Solomon RaJ 2001

## Baum des Lebens

»Gott, der Herr, ließ aus
dem Ackerboden allerlei Bäume
wachsen, verlockend anzusehen
und mit köstlichen Früchten,
in der Mitte des Gartens aber
den Baum des Lebens und den
Baum der Erkenntnis
von Gut und Böse.« (Gen 2,9)

Der wahre Baum des Lebens
wächst nach indischer Anschauung
nicht aus dem Boden.
Er hat seine Wurzeln im Himmel,
weil Gott allein sein Wachsen und
Gedeihen gibt.
Seine Blätter überschatten
die Erde und seine Früchte
sind ewiges Leben.

*weltweit* Weihnachten 2001
Bilder: Vier Motive aus einer Holzschnitt-Serie
von Solomon Raj zu biblischen Themen

## Der göttliche Sämann

Der die Welten schuf, die Pampas und die Menschen,
der große Campesino sät noch immer.
Aus seiner Hand fällt Friede auf das Land
und tausend wunderbare Samen einer neuen Zeit.
Erbarmen, Güte, Milde, Demut und Geduld.
Er sät die Samen aus in reicher Fülle.
An uns ist es, sie zu behüten und zu ernten.

## Verkündigung

Freundlicher Schatten aus blauem Licht.
Engel, der nahe, ganz nah zu dir spricht:
Maria!
Es ist, als spräche einer zu sich selbst,
so sagt dir der Engel, wer du bist, Gebenedeite!
Und wer du sein sollst in den Plänen Gottes.
Zu jedem Menschen spricht ein Engel,
irgendwann – wenn wir doch hören würden!

*weltweit* Weihnachten 2007
Bilder: Drei großflächige Gemälde des argentinischen
Künstlers und Autodidakten Irineo Alfredo Benítez. In
seiner Darstellung vom Magnificat liegt Maria, eine
schöne und stolze Frau, im Arm Gottes. Der Wirbel
dieser Umarmung bringt die Elemente wieder ins
Gleichgewicht, eine neue Welt wird geboren.

## Magnificat

Wie sollte sie nicht Gott den Herren preisen
und über ihren großen Retter jubeln?
Mit starkem Arm und mächtiger Hand
hebt er seine kleine, strahlende Magd
und mit ihr einen ganzen Kontinent
aus allen Finsternissen an das Licht.
Da hebt ein Singen an und Jubeln,
das weiter geht durch alle Generationen.

## Der Kindersoldat

Betrogen um seine Kindheit:
wo es anderen vergönnt ist,
das ABC und das Einmaleins zu lernen,
hat er nur gelernt, mit Waffen zu spielen,
dem teuersten Spielzeug der Welt.

Betrogen um seine Jugend,
in der andere einen Beruf erlernen,
hat er nur gelernt, zu kämpfen und zu töten.
Und auf einmal ist das Töten sein Beruf.

In einer Welt, in der Menschen zum Mond fliegen und zurück
und ihre Sonden in interplanetarische Räume senden,
wo es scheint, als sei den Erdenbürgern alles möglich,
fragt sich, warum sie keinen Frieden finden
und gerade Kinder zu Soldaten machen.

Die Verheißung Jesu mag hier seltsam klingen:
„Denn ihnen gehört das Himmelreich."
Doch sie gilt auch diesem Jungen.
Es ist nicht seine Schuld, wenn er Waffen trägt.
Es sind die Großen, die den Ruf missachten:
„Lasst doch die Kinder zu mir kommen."

*weltweit* Ostern 2000

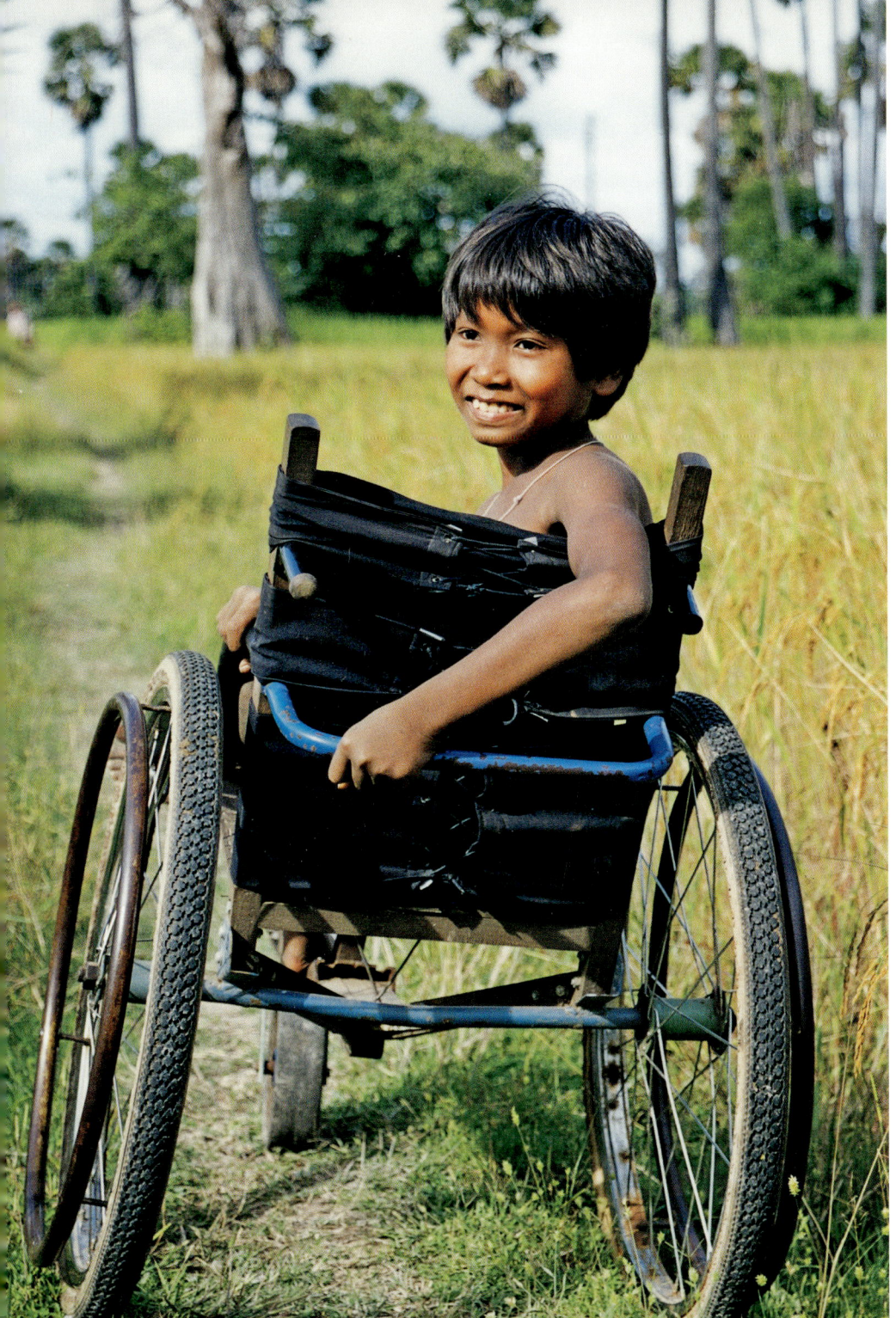

## Das achte Sakrament

Es ist wunderbar,
dass zwei Räder, ein Ledersitz und ein wenig Eisen –
alles zusammengebastelt für 100 Dollar –
ein Lächeln zaubern können auf das Gesicht eines Kindes,
aus dem alle Lebenslust gewichen war,
als die Landmine ihm beide Beine abriss.

Und das Wunder vermehrt sich tausendfach,
genauso wie das Lächeln auf tausend Gesichtern
– es ist wie in einem Spiegelkabinett –,
wenn jedes Jahr im „Zentrum der Taube",
einer Werkstatt in Kambodscha,
jene tausend Rollstühle hergestellt werden
von Menschen, die selber behindert sind.

Ein Rollstuhl ist für diese Menschen
mehr als nur ein Fortbewegungsmittel.
Er ist ihre Brücke zur Normalität,
eine Verbindungslinie zu neuem Leben.

Der Bischof von Battambang,
in dessen Diözese jede siebenundsiebzigste Person
ein Opfer von Landminen geworden ist,
betrachtet die Rollstühle von Panteay Prieb
als ein wahres Gottesgeschenk.
Und mit einem leisen Schmunzeln nennt er sie
„das achte Sakrament".

*weltweit* Pfingsten 2000

## Kostbar

Staubig und braun der Boden,
auf dem du sitzt, mein Kind.
Kein Tuch am Leib,
kein Schuh am Bein
und doch:
Für irgendjemand musst du kostbar sein.

Glänzend aus blauem Stein,
die Kette um den Hals,
die auf der braunen Haut
erglänzt so wunderfein.
Man spürt es wohl, mein Kind:
Für irgendjemand musst du kostbar sein.

Und dann das ganze Bündel
von Reifen um den Arm.
Auch wenn sie nur aus Plastik sind
und nicht aus Elfenbein.
Man spürt es doch, mein Kind:
Für irgendjemand musst du kostbar sein.

Was zählen Kleid und Schuh
was Gold und Elfenbein
vor dem, der ganz und gar
mit anderen Maßen misst.
In dessen Augen du –
wie jedes Kind der Welt –
unendlich kostbar bist.

*weltweit* Herbst 2006

## Stufen ins Licht

Ihr alle,
die ihr hierher gekommen seid
aus den grauen Ebenen des Alltags,
aus dem Dunkel eurer Mühsal
und aus der Nacht eurer Nöte;
schaut auf,
hebt eure Augen auf zu den Bergen,
von denen uns Hilfe kommt.

Hier beginnen die Stufen ins Licht;
ausgetreten von den Füßen derer,
die mit Kummer und Sorgen beladen
lang vor uns hinaufgestiegen sind
zum heiligen Berg.

Stufen ins Licht,
reingewaschen von den Regenfällen,
die wie ein Sturzbach diese Stufen,
eine nach der anderen, herabgeschossen sind.
Allen Unrat haben sie hinweggespült,
den andere zurückgelassen haben.

Nur noch das Licht liegt auf den Stufen
wie ein großes Versprechen.

*weltweit* Pfingsten 2003

## Unser tägliches Wasser

Weit ist der Weg, den die Frauen gehn
über das braune, dürstende Land
vom Brunnen bis zu ihrem Dorf.

Schwer,
sehr schwer sind die Krüge am Tragholz,
die sich so leicht im Takt der Schritte wiegen,
als lüden sie geheimnisvoll zum Tanz.

Alle, die Tag für Tag zu fernen Brunnen gehen,
sie wissen wohl und spüren es in ihren Gliedern,
wie unverzichtbar ihre Mühe ist
für Mensch und Vieh und Halm und Erde.

Und ihnen fällt die Bitte leicht:
Unser tägliches Wasser, Herr, gib uns heute!

Die aber aus dem Vollen schöpfen,
vergessen allzu leicht,
dass jeder Tropfen dieser Köstlichkeit
Geschenk des Himmels ist.

*weltweit* Herbst 2009
Bild: Aquarell auf Baumwolle eines unbekannten
Künstlers aus Vietnam, das drei Wasserträgerinnen
in einer kahlen Berglandschaft zeigt.

*weltweit* Sonderausgabe 2009
Bild: Ölgemälde *Die Hungernden speisen* von Jyoti Sahi
aus einem Bilderzyklus zur Barmherzigkeit

## Zeit ist wie Brot

Zeit ist wie Sand,
der unaufhaltsam durch die Finger rinnt.
Minuten und Sekunden ticken fort
und buchstabieren immerfort
Vergänglichkeit, Vergänglichkeit.

Doch Zeit ist auch wie Brot.
Und beides schmeckt nur gut,
wenn man sie mit den anderen teilt.

Wenn wir die Zeit mit anderen teilen,
ganz absichtslos und selbstverständlich
und ohne etwas dafür zu erwarten,
dann mischt nicht selten sich
– wie es bei jedem Sakrament geschieht –
Gott selbst dazwischen.

## Feuer in der Nacht

Wie einst in alten Zeiten,
als in den Steppen Afrikas
der Mensch zum ersten Mal
das Feuer zähmte,
so ist es heute noch:

Wenn irgendwo des Nachts
aufleuchtet die Flamme,
dass die Funken stieben,
dann rücken die Menschen
enger zusammen
und auf ihren Gesichtern
erstrahlt eine kleine Sonne.

Leuchtender Du und freundlicher,
ältester Bruder der Zivilisation,
in dem noch immer ein Funke glüht
von der geheimnisvollen Herrlichkeit,
die einst aus einem Dornbusch brach.

Goldene Flamme,
der wir uns nur langsam
nähern dürfen und behutsam,
und mit Ehrfurcht an den Händen,
dass sie uns nicht verbrenne.

*weltweit* Sommer 2009
Foto: In einem Flüchtlingslager in Pakistan
bietet allein Feuer etwas Wärme in kalter Nacht.

## Die dritte Welle

Alles,
was einst mein Leben war,
die Hütte und das Vieh,
die Eltern, Mann und Kinder,
hat die erste Welle weggefegt.

Die zweite Welle dieser Flut,
ein Leichentuch aus blauer Trauer,
ist über uns hinweggegangen
und hat uns zugedeckt
und uns den Blick verschleiert.

In meiner Seele habe ich
sie alle noch einmal begraben,
meine Toten,
und leise zugedeckt
mit meinen Tränen.
Auch die sind nun vertrocknet.

Gib uns
nur einen Funken Zukunft,
nur einen Schimmer Zuversicht
und Mut für morgen.

Vielleicht,
dass eine dritte Welle kommt,
die freundlicher als jene ersten
uns sanft emporhebt,
dass wir leben können.

*weltweit* Ostern 2005
Foto: Nach dem Tsunami 2004 sitzt eine Frau,
die alles verloren hat, verzweifelt am Strand.

## Zwei Hände

Ganz langsam und mühsam,
wie aus dem Chaos des Anfangs
Ordnung und Schönheit entsteht,
so wird in unendlicher Geduld
von nimmermüden Fingern
der Korb geflochten:
ein Gefäß für Brot und Fische
und tausend andere Kleinigkeiten,
die wir zum Leben brauchen.

So unermüdlich haben Gottes Hände
seit Millionen Jahren schon
mit Kraft und Feingefühl
aus fernen Galaxien und Atomen
und aus dem genetischen Code
den Teppich des Lebens geknüpft.

Zwei Hände knüpfen weiter,
Knoten um Knoten.
Zwei Hände flechten weiter,
Masche um Masche.
Damit die Schöpfung weiter geht
unter unseren Händen.

*weltweit* Ostern 2004
Foto: Ein Korb- und Mattenflechter in Simbabwe

## Lied über den Wassern

Mein Lied schwebt über den See,
als gälte es, die Wogen zu glätten,
bis sie sich sanft verlieren
in den Frieden des Abends.

So muss es am Anfang gewesen sein,
als Gottes Geist noch schwebte
über den Wassern der Urflut.

Sein Wort hat sie gebändigt und gezähmt.
Er hat das Lied der Schöpfung gespielt,
bis aus dem Chaos des Anfangs
der Kosmos der Schöpfung wurde.

Wenn der Geist
die Fluten einmal ganz gebändigt hat
und die Leidenschaften still geworden sind,
kann Friede Einkehr halten.

Und der Klang meiner Saiten
wird wie eine leise Berührung sein,
welche die Seelen in Schwingung versetzt
und die Herzen erzittern lässt
vor Freude.

*weltweit* Pfingsten 2001
Foto: Sonnenuntergang in Osttimor

## Maria – Licht und Schatten

Ganz unbefleckt und rein
aus Gottes Hand hervorgegangen
und auf den Farbenteppich dieser Welt gesetzt,
wo Gut und Böse eng beisammen wohnen
und Licht und Schatten durcheinander spielen.
Und so ist auch auf ihr Gesicht
die Schattenspur von Leid und Tod gefallen.

## Maria – Alltag

Die nicht herausragt aus der Menge
und sich nicht vordrängt vor den andern:
wie alle anderen ihrer Menschenschwestern
holt sie das Wasser heim vom Brunnen.
Dienerin der Menschen und Magd des Herrn.
Doch ist sie ihrer Würde wohl bewusst:
Wer schwere Lasten trägt,
muss aufrecht gehen.

## Maria – Leid und Tod

Zerbrochen ist die Hoffnung der Welt.
Zu einem großen M gebogen
ist der Leib des Hoffnungsträgers.
Es ist, als riefe er im Tode nach der Mutter.
Frieden will er finden in den Falten
des Mantels von Mutter Erde,
Frieden in deinen Armen, Maria.
Du, Schaubild für alle, die Trauer tragen
und Schmerz in ihrem Herzen.

## Maria – Barmherzigkeit

Ein blauer Saum auf weißem Gewand:
Markenzeichen der Barmherzigkeit.
Ein Heiligenschein von besonderer Art,
der sich flatternd um das Haupt
deiner Schwestern schwingt, Maria.
Weitergehen soll ja, was du gesagt hast:
Sein Erbarmen waltet von Geschlecht zu Geschlecht.

*weltweit* Weihnachten 2008
Bilder: Vier Motive aus einem Marienzyklus
des indischen Künstlers Arun Pardhe

## Tödliche Eintönigkeit

Stunde um Stunde und Tag für Tag
tausendmal der gleiche Schlag.

Für eine kleine Weile
spüre ich selbst das Eisen in der Hand
und die tödliche Eintönigkeit,
die ihr ins Gesicht geschrieben steht.

Stunde um Stunde und Tag für Tag
tausendmal der gleiche Schlag,
ausgeführt von vielen tausend Händen.

Keiner hat ihnen je gesagt,
dass die zerbrochenen Steine
bestimmt sind für den Damm,
der Wasser auffängt vom Berg,
das bald die Felder tränken wird.

Nur der stumpfe Blick auf den Stein,
und tausend Schläge,
maschinengleich,
die sie einhüllen in eine  Wolke
aus Staub und Frustration.

Stunde um Stunde und Tag für Tag
tausendmal der gleiche Schlag.
Und es ist in ihrem Tun
kein Sinn und keine Freude.

*weltweit* Herbst 2007
Foto: Im indischen Bagdogra hocken
zahllose Frauen, Männer und Kinder am
Ufer des Brahmaputra. Den ganzen Tag
holen sie Steine aus dem Fluss und
klopfen sie klein – eine zermürbende
Knochenarbeit, für die es nur einen
Hungerlohn gibt. Der Kies wird für
Bauarbeiten genutzt. Viele der Steine-
klopfer sind ursprünglich als Flüchtlinge
aus Bangladesch nach Indien gekommen.

## Beim Spielen

Zeig mir die Welt,
in der die Menschenkinder
noch sorglos spielen können,
und ich sage dir:
Du bist ganz nah dem Paradies.

Sie brauchen ja nicht viel:
ein Brett und eine Handvoll Steine
und alles andere in dem Spiel
ersetzt die Phantasie.

Auf eines aber möchten sie
auf keinen Fall verzichten:
Geschwister, Freunde, Spielgefährten;
denn glaube mir:
allein ist man so sehr allein.

Drum laden sie uns immer wieder ein:
Komm spiel mit mir!

*Meditation aus dem Jahr 2008*
Foto: Ein chinesisches Kind sitzt erwartungsvoll mit
einem Spielbrett vor dem Haus.

## Heilende Hände

Müde geworden sind Kopf und Hände
und alle Glieder eingehüllt
in Schmerz und Schwere: krank.
Wir sehnen uns nach der heilenden Hand.

Der segenspendend durch die Lande ging
und mit göttlicher Kunst
und seinen begnadeten Händen
den Menschen Heilung brachte und Heil.

Der Heiland der Welt weiß sehr wohl,
wie schwach unsere menschlichen Hände sind.

Doch er kennt auch ihre Kraft.
Auch dort noch können sie trösten,
wo alle Kunst zu Ende ist
und nichts mehr bleibt,
als stumm dabeizusein
und den Tränen ihren Lauf zu lassen.

*weltweit* Weihnachten 1993
Bild: Ölgemälde *Die Kranken besuchen* von Jyoti Sahi aus einem
Bilderzyklus zur Barmherzigkeit. Mit diesem Motiv der heilenden Hände eröffnen wir die 15 Kreuzwegstationen von Jyoti
Sahi auf den folgenden Seiten, die sich ganz auf die Sprache
der Hände konzentrieren. Eine Auswahl der Texte und Statio-
nen wurde bereits in *weltweit* Ostern 2007 veröffentlicht.

## Todesurteil

*Jesus wusste, dass ihm der Vater alles in die Hand*
*gegeben hatte und dass er von Gott gekommen war und*
*zu Gott zurückkehrte, als er seinen Kreuzweg begann.*

Aufgeschlagen wie ein Buch
sind seine Hände;
zur Einsicht offen für alle Welt.
Und nirgends ein Eintrag von Schuld.

*Mit dem Psalmisten betet Jesus:*
*»Wie lange noch darf der Bedränger mich schmähen,*
*darf der Feind ewig deinen Namen lästern?*
*Warum ziehst du deine Hand von uns ab,*
*hältst deine Rechte im Gewand verborgen?«*
*(vgl. Ps 74,10-11)*

## Kreuzesaufnahme

Zwei starke Hände halten auf
des Kreuzes schwere Balken,
bevor die ganze Schuld der Welt
auf unsere schwachen Schultern fällt.

*Mit dem Psalmisten betet Jesus:*
*»Wie ein Rauchopfer steige mein Gebet vor dir auf;*
*als Abendopfer gelte vor dir, wenn ich meine*
*Hände erhebe.« (Ps 141,2)*

## Erster Sturz

Als würden die gespreizten Finger
nach einem Halt am Boden suchen,
um diesen ersten Fall zu mildern,
wenn Kreuz und Sünde ihn zu Boden drücken.

*Mit dem Psalmisten betet Jesus:*
*»Der Herr festigt die Schritte des Mannes,*
*er hat Gefallen an seinem Weg.*
*Auch wenn er strauchelt, stürzt er nicht hin;*
*denn der Herr hält ihn fest an der Hand.«*
*(Ps 37,23-24)*

## Begegnung mit der Mutter

Sie braucht nicht ihre Hände,
um zu helfen. Es genügt oft schon,
wenn jemand einfach da ist,
das Leid des anderen mitzutragen.

*So spricht der Herr durch den Propheten:*
*»Kann denn eine Frau ihr Kindlein vergessen,*
*eine Mutter ihren leiblichen Sohn?*
*Und selbst wenn sie ihn vergessen würde:*
*Ich vergesse dich nicht. Sieh her: Ich habe dich*
*eingezeichnet in meine Hände.« (Jes 49,15-16)*

## Simon von Cyrene

Nicht um zu klagen, sondern zu tragen,
sind beider Hände fast wie im Gebet
so unentwirrbar ineinander verschlungen.
Die Hand des einen in der Hand des andern.

*Mit dem Psalmisten betet Jesus:*
*»Geh ich auch mitten durch große Not:*
*Du erhältst mich am Leben. Du streckst deine*
*Hand aus gegen meine Feinde,*
*und deine Rechte hilft mir.« (Ps 138,7)*

## Veronika

Das feine Tuch, durchsichtig wie ein Schleier,
auf dem sein Antlitz blutig abgedrückt,
hält sie mit zartem Finger fest,
wohl ahnend, dass sie an Heiliges rührt.

*Jesus sagt zu Veronika und zu uns:*
*»Ich gebe ihnen ewiges Leben.*
*Sie werden niemals zugrunde gehen*
*und niemand wird sie meiner Hand entreißen.*
*Mein Vater, der sie mir gab, ist größer als alle*
*und niemand kann sie der Hand meines Vaters*
*entreißen.« (Joh 10,28-29)*

## Zweiter Sturz

Wenn Hände ins Leere greifen
und der Mensch den Boden verliert
unter seinen Füßen, dann ist es soweit:
Jesus fällt zum zweiten Mal.

*Mit dem Psalmisten betet Jesus:*
*»Dir begegnet kein Unheil,*
*kein Unglück naht deinem Zelt.*
*Denn er befiehlt seinen Engeln,*
*dich zu behüten auf all deinen Wegen.*
*Sie tragen dich auf ihren Händen,*
*damit dein Fuß nicht an einen Stein stößt.«*
*(Ps 91,10-12)*

## Weinende Frauen

Mütter am Wegrand – jene, die keiner fragt,
der ihre Söhne in den Krieg schickt.
Sie stehen mit gefalteten Händen,
im Gebet und in stummer Verehrung.

*Jesus sagt zu den Frauen und zu uns:*
*»Der Vater liebt den Sohn und hat alles in seine*
*Hand gegeben. Wer an den Sohn glaubt,*
*hat das ewige Leben.« (Joh 3,35-36)*

## Dritter Sturz

Wenn langsam das Bewusstsein schwindet
und der Blick sich verwirrt – ein neuer Fall.
Seine Hände greifen ins Leere.
Er will nur noch eines: ausruhn.

*Mit dem Psalmisten betet Jesus:*
*»Herr, strafe mich nicht in deinem Zorn*
*und züchtige mich nicht in deinem Grimm!*
*Denn deine Pfeile haben mich getroffen,*
*deine Hand lastet schwer auf mir.« (Ps 38,2-3)*

## Kleiderraub

Selbst die Hände der Henker
fassen nur scheu nach seinem Gewand.
Als würde auch ihnen bewusst:
Dem ist nichts mehr geblieben.
Nun nehmen wir ihm noch die Würde.

*Mit den Worten des Jesaja betet Jesus:*
*»Ich sagte zu einem Volk, das meinen Namen*
*nicht anrief: Hier bin ich, hier bin ich.*
*Den ganzen Tag streckte ich meine Hände aus*
*nach einem abtrünnigen Volk, das einen Weg ging,*
*der nicht gut war.« (Jes 65,1-2)*

## Ans Kreuz genagelt

All die Hände, welche Nägel einschlagen
und all die Hände, welche angenagelt werden,
im grausamen Spiel, sie sind austauschbar.
Einmal ist der eine dran, dann der andere.

*Mit dem Psalmisten betet Jesus:*
*»Viele Hunde umlagern mich,*
*eine Rotte von Bösen umkreist mich.*
*Sie durchbohren mir Hände und Füße.*
*Man kann all meine Knochen zählen.*
*Sie verteilen unter sich meine Kleider*
*und werfen das Los um mein Gewand.«*
*(Ps 22,17-19)*

## Tod am Kreuz

Und wie ein Erlöser kommt der Tod.
Er löst die Nägel aus den Händen
und entlässt den Menschen ohne Bedingung
in die wunderbare, blaue Freiheit Gottes.

*So schreibt der Evangelist Lukas:*
*»Es war etwa um die sechste Stunde, als eine Finsternis*
*über das ganze Land hereinbrach.*
*Und Jesus rief laut: Vater, in deine Hände lege*
*ich meinen Geist. Nach diesen Worten hauchte er*
*den Geist aus.« (Lk 23,44-46)*

## Kreuzesabnahme

Kalt hängen seine Hände nieder,
doch so, als wollten sie noch einmal nun
die Erde sanft berühren und ihr sagen:
Glaube mir, o Welt, du bist erlöst.

*Auch für Jesus gilt, was das Buch der Weisheit sagt:*
*»Die Seelen der Gerechten sind in Gottes Hand*
*und keine Qual kann sie berühren.*
*In den Augen der Toren sind sie gestorben*
*und ihr Heimgang gilt als Unglück.*
*Doch ihre Hoffnung ist voller Unsterblichkeit.«*
*(Weish 3,1-4)*

# Grablegung

Alle Ehrfurcht dieser kleinen Erde
ist nun versammelt in den sanften Händen,
denen es vor allen anderen gestattet war,
Gott selbst die Augen zuzudrücken.

*Und der Psalmist betet:*
*»In deiner Hand liegt mein Geschick;*
*entreiß mich der Hand meiner Feinde und Verfolger!*
*Lass dein Angesicht leuchten über deinem Knecht,*
*hilf mir in deiner Güte!« (Ps 31,16-17)*

## Offene Himmel

*So sagt die Schrift:*
*»Dann führte Jesus die Seinen hinaus in die Nähe von*
*Bethanien. Dort erhob er seine Hände und segnete sie.*
*Und während er sie segnete, verließ er sie und*
*wurde zum Himmel emporgehoben.« (Lk 24,50-51)*

Das letzte Bild des geliebten Herrn,
das die Jünger sehen beim Abschied:
Seine segnende Hand und aus den Wolken
bereits eine Ahnung des versprochenen Geistes.

*So betet der Psalmist:*
*»Ich aber bleibe immer bei dir,*
*du hältst mich an meiner Rechten.*
*Du leitest mich nach deinem Ratschluss*
*und nimmst mich am Ende auf in Herrlichkeit.«*
*(Ps 73,23-24)*

## Gottes Ackerfeld

Wenn die Erde ausgeplündert wird,
als sei sie der Menschen Steinbruch
und nicht mehr Gottes Ackerfeld,
trifft es immer die Armen zuerst.

Wenn die Erde ausgebeutet wird
im Namen von Habgier und Profit,
werden die Kinder der Erde zur Beute
der Hemmungslosen und Gewalttätigen.

Eingeschlossen in den Kreislauf der Gewalt
wie in Kerker aus Stein sind die Armen.

Ihre Seelen dürsten nach Gerechtigkeit
wie dürres, trockenes Land ohne Wasser.

Sie ersehnen das Ende der Unterdrückung,
bevor ihre eigenen Herzen versteinern
in dumpfer Ohnmacht und in blindem Hass.

*weltweit* Weihnachten 1986
Foto: Abholzung und Brandrodung aus
Profitgier schlagen tiefe Wunden in den
Regenwald am Amazonas.

## Durst nach Gerechtigkeit

Hungern und dürsten nach der Gerechtigkeit
und diesen Hunger nicht stillen im Hass
und diesen Durst nicht löschen mit Gewalt:
Selig sind jene Menschen, sagt der Herr.

Sie sind den Samenkörnern gleich,
die man in die Erde senkt.

Als letzte der Menschen betrachtet man sie,
und in den Augen der Menschen sind sie Toren.

Der Boden selber scheint sie zu verschlingen.

Sie aber lassen sich verzehren
vom inneren Feuer der Sehnsucht,
vom Durst nach einer gerechteren Erde.

Und mit ihnen wartet die ganze Schöpfung
auf den Frühling einer neuen Erde,
in der sich Jesu Wort erfüllt.

*weltweit* Weihnachten 1986
Foto: Durch die Watershed-Methode keimt selbst in indischen
Trockengebieten das Samenkorn in sattem Grün.

*weltweit* Ostern 2009
Bild: Wandteppich aus Nepal, der nach der
Manier buddhistischer Thankas bemalt ist
und wie diese zur Meditation einlädt.

## Eingeknüpftes Kreuz

Als hätte es von Anfang an dazugehört.
So unauflösbar ist es eingeknüpft
in den farbigen Teppich des Lebens,
als hätte es von Anfang an dazugehört,
das Kreuz.

Überall dort, wo sich die Wege kreuzen,
Hoffnung durchkreuzt wird von Vergeblichkeit
und unser höchstes Streben vom Unvermögen,
ist es schon immer mit dabei gewesen.

So hat es auch von allem Anfang an
dazugehört zum Leben Jesu:
von seiner Taufe bis zum Berg der Seligpreisung,
vom großen Fischfang bis zur Brotvermehrung,
von der Verklärung bis zum Abendmahl.
Geheimnisvoll war es von Anfang an dabei.

Bis es uns deutlich dann entgegentritt
und unseren ganzen Horizont ausfüllt.
Denn nun hat Jesus selber Platz genommen
im Kreuzpunkt aller irdischen Koordinaten,
so ausgespannt zwischen Himmel und Erde
und seine Arme ausgebreitet,
als wolle er die ganze Welt umfangen.

## Mutter der Armen

Mutter, du kannst uns so gut verstehn,
weil du selber nicht immer alles verstanden hast.
„Doch sie verstanden nicht,
was er damit sagen wollte", steht geschrieben,
als du Jesus wiederfandest im Tempel.
So wenig verstehen auch wir unser Leben.

Mutter, du kannst uns so gut verstehn,
weil du selber nicht immer verstanden hast.
Wie könnte auch ein Mensch verstehen,
wenn sein Sohn am Kreuze hängt?
„Siehe da, deinen Sohn!" sagte Jesus.
Auch wir können unser Geschick nicht verstehen,
doch wir wissen: nun haben wir eine Mutter.

Mutter, du kannst uns so gut verstehn,
weil du selber nicht alles verstanden hast.
Und doch hast du immer vertraut.
„Tut alles, was er euch sagt!"
Auch wenn wir nicht verstehn, wie es weitergeht,
sagst du uns doch, was zu tun ist.

Mutter, du kannst uns so gut verstehn,
weil du selber nicht immer alles verstanden hast.
Wusstest du denn, wie jenes Reich kommen soll,
in dem „Er die Niedrigen erhebt,
und die Reichen und Satten vom Throne stürzt?"
Wir wissen noch immer nicht, wie es geschehen kann.
Aber deine Worte geben uns Hoffnung.

*weltweit* Weihnachten 1984
Bild: Holzschnitt des indischen Künstlers Solomon Raj

## Sie ist aufgestanden

Allzu lange schon
haben wir nur geschwiegen.
Immer saßen wir abseits,
wenn Entscheidungen fielen,
die uns alle angehen.

Nun ist eine von uns
aufgestanden.
Abgestreift hat sie
die Bräuche der alten Zeit,
die uns an den Rand
von allem abgedrängt haben.

Sie spricht.
Und sie spricht für uns alle.
Und wir fühlen es im Herzen:
Mit ihr sind nun auch wir
aufgestanden.
Auferstanden.

*weltweit* Pfingsten 2002
Foto: Frauen eines Selbsthilfeprojektes
in Afghanistan

## Verlorene Jugend

So ist es schon lange
in unserem Land.
Erst war's ein Spiel.
Dann ist's ein Kampf geworden.
Und dann auf einmal
steht in den Gesichtern
die Ahnung, dass nun bald
die Fäuste sprechen werden.
Und dann die Waffen.
Tödlich.
Der Tanz ist aus.
Der Krieg beginnt.

Dies ist das Land,
mein Land, wo schnell
aus jedem Spiel
tödlicher Ernst wird
und aus jedem Tanz ein Kampf.

Wo das Funkeln der Unschuld
erlischt in den Augen
und eine Kindheit endet,
bevor sie noch begonnen hat.

*weltweit* Ostern 2008
Foto: Die beiden Jungen stammen aus der
kongolesischen Provinz Süd-Kivu, in der seit
Jahrzehnten kriegerische Konflikte immer
wieder neu aufflackern.

## Macht die Türen auf!

Nicht länger will ich mich verstecken.
Nicht hinter Mauern,
nicht in dunklen Ecken,
wo allzu lange schon
die Angst zuhause war,
die Ohnmacht und der Schrecken.

Nicht länger will ich mich verbergen.
Nicht hinter harten Mauern.
Und nicht hinter zartem Schleier.
Ich will hinaus,
will an die frische Luft.
Dort atmet es sich freier,
wenn kühler Wind vom Berg
um meine Wange streicht.

Ich schau hinaus ins Land,
noch voller Scheu und Vorsicht
und wie hinter vorgehaltener Hand,
das alte Dorf zu meinen Füßen.
So will ich einen neuen Tag begrüßen.

*Meditation aus dem Jahr 2011*
Foto: Ein kleines Mädchen in einer
Armensiedlung im afghanischen Bamiyan

## Der Hirte

Jesus, mein Herr!
Du bist der Hirte,
und ich bin das Schaf.

Als ich in die Irre ging,
hast du mich gesucht.
Als ich ganz verloren war,
hast du mich gefunden.
Als ich durstig war,
hast du mich geführt
zu den kühlen Wassern des Lebens.

Du hast des Vaters Haus verlassen,
um mich zu suchen auf der Erde.
Du hast dein Blut vergossen,
um mich zu retten vor dem Wolf.

Halt mich, ich bitte dich,
ganz nah an deinem Herzen,
wie eine Mutter ihr Kind
in den Armen hält.

Und lass nicht zu,
dass irgend jemand mich
aus deinen Händen reißt.

Jesus, mein Herr!
Du bist der Hirte,
und ich bin das Schaf.

*weltweit* Weihnachten 1988
Bilder: Zwei Holzschnitte des indischen Künstlers Solomon Raj

78

## Lehre mich gehen,
## bevor ich laufe

Ich habe noch nicht einmal gelernt,
mich deiner Gegenwart zu freuen.
Wie soll ich dann unterscheiden können,
all die Feinheiten deiner Theologien?

Ich habe noch nicht einmal gelernt,
dein Lob zu lispeln oder nur zu stammeln.
Wie sollte ich mich dann erdreisten,
andere den Lobgesang zu lehren?

Ich habe noch nicht einmal
den Strahl der Gnade erkannt,
der auf meinen eigenen Weg fällt.
Wie sollte ich da die Fackel halten,
um den Weg der Gefährten zu erleuchten?

Lass mich zuerst dein Antlitz schauen
und lass mich eins sein mit dir, Herr.
Lass mich auf deine Stimme hören,
bevor ich anderen das Wort verkündige,
bevor ich ihnen deine Wege zeigen kann.

## Alle Mütter dieser Welt

*weltweit* Weihnachten 1969
Foto: Mutter und Kind in Yei/Südsudan

tragen die Kinder der Welt unter ihrem Herzen.
Und eine kleine Weile auf ihren Armen oder
auf dem Rücken, huckepack. Ein paar Schritte lang
gehen die Kleinen noch an der Mutterhand. Dann schreiten
sie hinaus in ihr eigenes Leben. Und die Mutter
tritt zurück.

Glaub es nur, Mutter, dass deine Schwester am anderen
Ende der Welt ihr Kind ebenso gern hat, auch wenn
es in einer armseligen Hütte geboren ist, in einem
Stall wie zu Bethlehem.

Glaubt es nur, Mütter, dass die Mütter der Dritten Welt
ebenso bangen um ihre Söhne und Töchter wie ihr.
Allen ergeht es nicht anders, als der Mutter aller
Mütter, Maria, die auch zurücktrat, als ihr Sohn
begann, sein Volk zu lehren.

Aber unter dem Kreuz war sie wieder dabei.
Siehe da, die Söhne der ganzen Welt: zerschlagen,
verwundet, müde. Aller Schmerz und alles Leid
kehrt zur Mutter zurück. Sie hält ihre Arme offen,
so wie sie nie aufgehört hat, all ihre kleinen und
großen Kinder mit all ihren kleinen und großen
Sorgen in ihrem Herzen zu tragen.

# Gott ist hoch

Auf dem Berge steht der große Häuptling,
als ob ihm die Erde gehörte;
nun, sie gehört ihm wirklich!
Der auf dem Berg steht
im Glanz der Sonne,
die ihn einhüllt wie ein Mantel aus Gold,
ausgezeichnet von Gott
als der neue Gesetzgeber.

Dieser Jesus hat sich
ein Tuch um die Hüfte gebunden,
um seinen Jüngern die Füße zu waschen.

Paulus fasst diese Spannung
in seinem Hymnus zusammen:
„Er war gottgleich und wurde wie ein Sklave."

## Gott ist niedrig

Jesus hat sich an die Seite
jener Millionen Afrikaner gestellt,
die jahrhundertelang in alle Welt
verschifft und verkauft wurden
als Sklaven für niederste Dienste.

Er hat sich ihnen zugesellt,
nicht um den Sklaven zu sagen:
Seid zufrieden mit eurem Geschick!
Sondern um sie zu erheben
zu neuer Würde.

Er hat sie an seine Seite gerufen,
wo einmal ihre Gewänder
ebenso leuchten werden
wie seine eigenen Kleider
dort auf dem Berg.
Weiß wie der Schnee.

# Krippe

Wenn Jesus wiederkommt,
– nein, nicht erst am Ende der Zeit –
sondern wenn er kommt nach Afrika,
dann wird er schon wissen:
der Stall dort ist eine Bambushütte.
Und er wird auch wissen,
wohin in diesem Kontinent
sein Weg ihn führen wird.

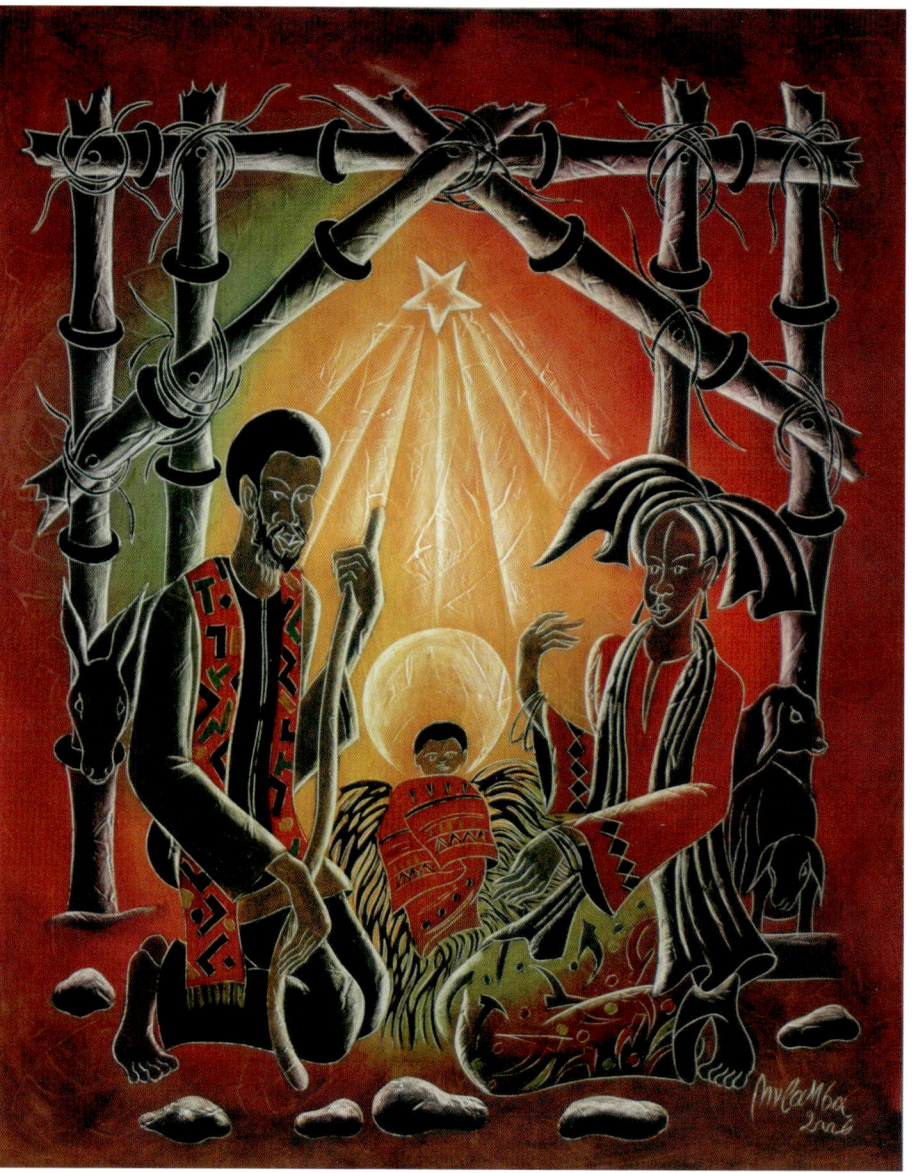

## Kreuz

Wer zu den Menschen geht
und sich einlässt auf sie,
dem bleibt nichts Menschliches erspart.
Den ganzen Bogen dieses Lebens,
von der Wiege bis zur Bahre,
hat er geteilt und teilt es weiterhin
mit allen Menschen dieser Erde.

Von der Krippe bis zum Kreuz;
beide aus demselben Holz geschnitzt.
Für allzu viele heißt es:
Was in Armut begann,
endet im Leid.
Das neue Kreuz
hat viele neue Namen:
Elend und Not,
Bürgerkrieg und Flucht,
Hunger und Aids.
Neue Namen für das Kreuz;
das Kreuz von Afrika.

## Das neue Opfer

Das Opfer, das Gott gefällt,
ist anders, ganz anders.
Wo Schwestern und Brüder
in Frieden und Einheit zusammenleben,
wo sie ihr Brot miteinander teilen,
so wie es mein Sohn getan hat,
am letzten Abend seines Lebens,
sagt Gott,

da bin ich mitten unter euch.

Denn Jesu Fleisch und Blut
ist ein Sakrament,
es ist ein Zeichen dafür,
dass alles Töten auf der Welt
endlich ein Ende haben muss.

## Brot und Wein

Jene drei Jahre im Lande Israel,
da Jesus das Evangelium verkündet hat,
sind gleichsam eingerahmt
von den Früchten der Erde,
die das Herz des Menschen erfreuen
und unser Leben sichern:
Brot und Wein.

Es begann zu Kana.
Hochzeit wird gefeiert.
Der Wein fließt in Strömen.
Das erste Wunder.

Und dann am Ende
seines irdischen Lebens
wirkt Jesus ein anderes Wunder,
als er das Brot teilt mit seinen Jüngern
und im Brot sein Leben.

Es ist das größere Wunder,
das seither gefeiert wird
an allen Orten dieser Erde
und fortdauern soll
bis zum Ende der Zeiten.

*weltweit* Weihnachten 2006
Bilder: Sechs Gemälde des kongolesischen Künstlers
Joesph Mulamba, der die biblischen Motive in die Welt
und Kultur seiner Heimat hineinstellt.

## Was man sich leisten kann

Nein, sie können es noch nicht:
sich eine Waschmaschine leisten
mit Knöpfen, Ziffern und mit viel Chemie.
Sie sind noch nicht angeschlossen
an unsere ganz normale Zivilisation
mit ihren tausend Möglichkeiten,
auf Schritt und Tritt ein wenig Zeit zu sparen.

Wer aber möchte denn zurück
in jene alte Zeit? Und doch –
ein wenig Nostalgie steigt in uns hoch,
Erinnerung an längst vergangene Tage,
in denen trotz der mörderischen Plage
das Leben noch in ruhigeren Bahnen floss.
Nur auf alten Fotos oder Bildern
aus einer anderen Welt kann man erahnen
noch einen Schimmer von Beschaulichkeit.

Wer kann sich heute noch den Luxus leisten,
mit Wäsche und Geschirr zum Fluss zu laufen?
Wo auf der Welt kann man noch Wasser trinken
aus einer reinen Quelle mit der bloßen Hand?

Wir haben einen hohen Preis bezahlt
für eine jegliche Errungenschaft
und manchmal fragt der eine oder andere sich,
ob es den Preis auch wert gewesen ist.

*weltweit* Herbst 2001
Foto: Waschtag in einem kongolesischen Dorf

## Draußen

Sie stehen draußen.
Draußen vor der Tür.
Vor allen Türen der Welt.
Ausgeschlossen sind sie
aus der Welt all derer,
die sehr wohl wissen,
wo sie dazugehören.

Flüchtlinge aus Afghanistan,
noch immer in Lagern
jenseits der Grenze
im Nachbarland
mit nichts in Händen
als ein wenig Hoffnung.

Kümmert's die Herren der Welt?
Sie spielen immer wieder
an der Zündschnur
neuer Kriege,
ungeachtet der Opfer.
Und der Strom
der Flüchtlinge wächst.
Mach doch ein Ende
den Kriegen, Herr!

*weltweit* Ostern 2003
Foto: Afghanische Flüchtlingskinder in einem Lager in Pakistan

91

## Hirten

*„Heute ist euch in der Stadt Davids*
*der Retter geboren;*
*er ist der Messias, der Herr!" (Lk 2,11)*


Wir kennen die flüsternden Stimmen der Nacht;
sie machen uns Angst.
Wir wissen um jene Lichter über dem Tal,
für die es keine Erklärung gibt.
Unsere Welt ist voll von Geistern und Dämonen.

Doch diese Engel sind anders.
Noch eh wir erschrecken, sagen sie uns:
„Fürchtet euch nicht!"
Sie singen so schön, dass man einstimmen möchte:
„Ehre sei Gott in der Höhe!"

Und die Nacht erschreckt uns nicht mehr.
Sie wird überstrahlt von einem größeren Licht.
Es leuchtet über einem Stall.

„Lasst uns nach Betlehem eilen und sehen,
was da geschehen ist,
und was der Herr uns kundgetan."

*weltweit* Weihnachten 1980
Bild: Weihnachtsdarstellung des
indonesischen Malers MD Prasa

## Verschwenderisch

Brot und Wein, Salböl und Tränen.
Maßlos ist Magdalena in ihrem Schmerz.
Verschwenderisch vergießt sie Öl und Tränen.

„Hätte man das Öl nicht verkaufen können,
um den Erlös an Arme zu verschenken?"

Hätte es denn nicht genügt,
wenn Jesus uns das Brot reicht und den Becher?
Auch er gibt mehr:
sich selbst mit Fleisch und Blut.

So sind es Gottes Gaben,
die der Menschen Dank erwecken,
verschwenderisch.

## Karfreitag

Der unnahbare Gott
kommt uns zum Greifen nah.
„Und sie ergriffen ihn!"
Und wir ergreifen ihn,
um ihn ans Kreuz zu schlagen.

Der alles Durchschauende –
mit niedergeschlagenen Augen.
Der Allmächtige wird wie ein Lamm
zur Schlachtbank geführt.

Ganz anders ist diese Erscheinung,
als Moses sie erfuhr
beim brennenden Busch.
Seht, dieser Busch
verzehrt sich selbst.

## Meditation

Die hellen Farben
und die lauten Töne
hast du abgelegt, meine Seele.
Jeder Sinn ist nach innen gerichtet.
Was einer sucht,
dort kann er es finden:
Stille und Glück und sich selbst.

Dann aber richte dich auf,
meine Seele,
erhebe deine Augen zu den Bergen
und trag das Herz zu Gott empor.

## Die Heiligen Gottes

Ein Kranz von Blumen
um dein Haupt geschlungen,
das sind deine Heiligen, Herr.

Ein Reigen von Planeten,
die um die Sonne kreisen
und uns so herrlich leuchten
mit geborgtem Licht.

Das sind deine Heiligen, Herr,
die du gewonnen hast
und um dich sammelst
aus allen Völkern und Nationen
wie einen Erntekranz.

*weltweit* Weihnachten 1981
Bilder: Vier Aquarelle des indischen
Künstlers Angelo da Fonseca

## Tanz auf dem Seil

*weltweit* Herbst 2004
Foto: Aufführung eines kleinen Familienzirkus
in den Straßen von Kalkutta

Glaub mir,
die Armen dieser Welt
machen keine großen Sprünge.
Immer nur den nächsten Schritt.
Ihr Blick ist immer unverwandt
aufs schwankende Seil gerichtet,
damit der Fuß auch nicht daneben tritt.

Du musst wissen,
dass dieses Seil ihr Leben ist,
kein bloßer Zeitvertreib,
kein Sportgerät und auch kein Kinderspiel.
Nein, harte Arbeit ist es, ein Beruf,
um täglich das Brot zu verdienen
für Menschen, die ihnen teuer sind.

Sieh nur:
ihr ernst verschlossenes Gesicht,
ihr stolzer Gang verraten nicht,
wie schwer die Last auf ihren Schultern ruht.
Verantwortung für ihre kleine Welt,
und alle Hoffnung jener Menschen,
die nur dann genug zum Essen haben,
wenn das Publikum klatscht,
und Münzen in der Sammelbüchse klappern.

*weltweit* Herbst 2000
Foto: Zwei Kinder in Nepal hinter Stacheldraht

## Eingesperrt – ausgesperrt

Mauern und Schranken, Barrieren und Grenzen.
All das muss sein, sagen die Leute.
Und natürlich Gitter!
Schließlich soll jeder wissen, wo er steht,
drinnen oder draußen.

Doch leicht wird aus der Einteilung eine Teilung,
aus der Unterscheidung die Scheidung,
aus der Scheidung Trennung
und aus der Trennung Feindschaft.

Gitter haben eine seltsame Eigenschaft,
wenn man sie zwischen die Menschen stellt.
Die einen fühlen sich eingesperrt,
die anderen fühlen sich ausgesperrt,
besonders wohl fühlt sich keiner.

Christus „hat durch sein Sterben die trennende Wand
der Feindschaft niedergerissen",
schreibt Paulus in seinem Brief an die Epheser.
Die Wand der Feindschaft
zwischen den Herzen, den Völkern, den Rassen.

An uns ist es, das Werk zu vollenden
und über die niedergerissenen Wände und Gitter
Wege der Verständigung und der Freundschaft zu bauen.

## Vater unser

Wohl bist du der allmächtige Gott
und du bleibst der unendliche und starke,
der doch mit Leichtigkeit die Sterne lenkt.
Vor dem die Sommer sind wie Sonnenstrahlen
und tausend Jahre wie ein einziger Tag.

Doch dürfen wir dich Vater nennen,
Vater unser,
weil dein Sohn, unser Bruder Jesus,
uns also gelehrt hat.

Du bist nicht mehr ferne einem jeden von uns.
Nicht jenseits der Sterne ist dein Himmel;
du wohnst nicht über den Wolken,
wo die Freiheit so grenzenlos ist.

Einkehrst du bei den Zelten der Menschen,
wie ein müder Wanderer der Welt.
Und überall dort bist du zu finden,
wo das Geheimnis am tiefsten
und die Welt am menschlichsten ist.

Dort bist du, in dem wir leben,
in dem wir uns bewegen und sind.

## Geheiligt werde dein Name

Vater unser, lass doch in dieser Welt des Nützlichen
etwas sein, das man nicht kaufen kann.
Das nicht geboren ist aus der Produktion
und nicht der Kosten-Nutzen-Rechnung unterliegt,
sondern dem Gesetz der Ehrfurcht.

Lass doch in dieser Welt etwas sein,
das ausgenommen ist von alledem,
was uns Menschen sonst umtreibt.
Und heilig.
So wie dein Name heilig ist seit ewiger Zeit,
geoffenbart aus brennendem Busche
und überliefert jahrhundertelang,
unausgesprochen, unaussprechlich.

Geheiligt werde dein Name!
Er ist nicht bloß Schall und Rauch,
sondern etwas, was über allem steht
und nicht nur dir, Vater, die Ehre gibt,
sondern allen Wesen das Dasein
und allen Dingen Form und Gestalt.
So hast du auch uns den Namen gegeben
und hast ihn in deine Hand hineingeschrieben,
so dass kein Tod ihn jemals ausradieren kann.

## Dein Reich komme

Dein Reich ist nicht von dieser Welt.
Und wir können nur immer wieder rufen:
„Dein Reich komme!"

Nicht ist es wie die Reiche der Menschen,
heraufgeführt vom Marschtritt der Kohorten,
auf Recht und Ordnung fest gegründet
und abgesichert durch Mauern und Kanonen.

Dein Reich, Herr, ist vielmehr
wie Wasser, das zur Erde fällt
und das den Boden tränkt und sprießen lässt
alle möglichen Kräuter und Pflanzen,
die Früchte bringen zu ihrer Zeit.

Und sprießen lässt du aus den Herzen:
Friede und Freude, Liebe und Treue,
die man die Früchte des Geistes nennt.

## Dein Wille geschehe

Wenn Dinge geschehen in dieser Welt,
schlimme Dinge, die man nicht begreifen kann,
dann möchte ich mit vielen anderen schreien:
Um Gottes Willen!

Aber Gott will uns nicht zerbrechen.
Er will uns nicht verbiegen und vergewaltigen.
Sondern wie er Maria überschattet hat,
die Begnadete, und um ihr Jawort warb
wie ein Bittsteller, ein göttlicher.

So will er auch uns nicht zwingen.
Nicht einmal zu unserem Glück.
Denn nur in der Freiheit und ohne Zwang
können wir unser Heil wirken.
Sowohl im Himmel wie auf Erden
gilt dieses neue Gesetz:
Das ist der Wille Gottes,
eure Heiligung.

## Unser tägliches Brot gib uns heute

Wenn wir mit eigenen Worten beten,
kommt uns so vieles in den Sinn,
was wir täglich zum Leben brauchen
und worum wir immer wieder bitten müssen:
Gesundheit und Freude, Arbeit und Glück,
Friede für alle Menschen, Eintracht und Liebe.

All das, o Herr, und noch viel mehr
hast du in eine einzige Bitte zusammengefasst:
Unser tägliches Brot gib uns heute!

Denn im Brot ist schon alles enthalten,
was für ein menschliches Leben gehört.
Freude ist das Brot, das wir essen,
Arbeit das Brot, das wir verdienen,
Friede das Brot, das wir teilen,
Liebe das Brot, das wir brechen
für einander und zum Segen für die Welt.

Unser Leben aber ist der Teig,
der von deinen Händen geknetet wird,
damit es täglich wieder fähig werde,
Brot für die anderen zu sein.

# Vergib uns unsere Schuld

Dass wir uns entschuldigen
und einander um Vergebung bitten,
wenn wir gegen andere gefehlt haben,
das ist nur selbstverständlich.

Du aber sprichst nicht vom Entschuldigen.
Viel mehr hast du von uns verlangt.
Wir sollen den ersten Schritt tun,
wenn andere uns beleidigt haben und verletzt.
Der Unschuldige soll zuerst die Hand ausstrecken,
jene schöpferische Hand,
weil sie Frieden schafft durch Versöhnung.

Nicht mehr Auge um Auge soll gelten,
sondern eine neue Gleichung hast du aufgestellt
für das Zusammenleben der Menschen:
Vergib, und es wird dir vergeben.

Gott, der Herr, hat seinen Teil gehalten.
Denn er sandte seinen Sohn,
da wir noch Sünder waren,
um uns seine Versöhnung anzusagen.
Er hat den ersten Schritt schon lang getan.

## Führe uns nicht in Versuchung

Es gibt eine kleine Versuchung und eine große.
Die kleine überfällt uns von unten her
und knüpft an unserer Schwachheit an.
Sie heißt auch: Verzagtheit des Herzens.
Wenn wir Angst haben und meinen,
dass eine Aufgabe zu schwer für uns sei,
dann möchten wir oft gern mit Jesus sprechen:
„Lass diesen Kelch an mir vorübergehen, Herr."

Führe uns nicht in Versuchung,
und lass uns nicht fallen aus deiner Hand.

Die große Versuchung kommt von oben,
so wie die Schlange vom Baum herab sprach:
„Ihr werdet sein wie Gott."
Bei unserem Stolz und unseren Möglichkeiten
packt uns die große Versuchung,
als sei dem Fortschritt und unserem Wissen
gar keine Grenze gesetzt und als wären
uns zur Verfügung „alle Reiche dieser Welt",
wie der Versucher zu Jesus gesagt hat in der Wüste.

Wenn wir aber aus dieser Überheblichkeit fallen,
dann fang uns auf mit deinen starken Händen, Herr.

*weltweit* Weihnachten 1989
Bilder: Achtteiliger Zyklus von Jyoti Sahi, der die
einzelnen Bitten des Vaterunsers verbildlicht.

## Erlöse uns von dem Bösen

Wir stehn im Kampfe allezeit.
Nicht mehr gegen Streitwagen und Rosse,
sondern gegen die anonymen Mächte des Bösen,
die uns von allen Seiten bedrängen.
Die hundert Arten des Verfalls
und die vieltausend Möglichkeiten der Minderung.
Vergeblichkeit wird spürbar in jedem Tun,
in unser bestes Wollen mischt sich Stolz und Neid,
in jeden Becher Wein ein Tropfen Bitterkeit.

Herr, lass uns nicht allein in diesem Kampf,
dem einzigen, den es zu kämpfen lohnt:
Sondern erlöse uns von dem Bösen!

Erlöse uns von all dem Bösen, Herr,
das andere Menschen uns antun können,
wenn sie uns verletzen in voller Absicht
oder gar bereit sind, uns zu töten.

Doch erlöse uns noch mehr, o Herr,
von jenem Bösen, das wir anderen antun wollen.
Dies ist es, was uns das Herz verfinstert
und nicht nur schadet unserem Leib und Leben,
sondern auch die Seele tötet.

## Impressum

**Herausgeber:**
Klaus Väthröder SJ, Jesuitenmission
Königstraße 64, 90402 Nürnberg
Tel. (0911) 2346-160
prokur@jesuitenmission.de
www.jesuitenmission.de

**Spendenkonto Jesuitenmission**
Kontonummer 5 115 582
Liga Bank, BLZ 750 903 00
IBAN: DE61 7509 0300 0005 1155 82
SWIFT: GENODEF1M05

**Redaktion:**
Judith Behnen, Klaus Väthröder SJ,
Ludwig Wiedenmann SJ

**Gestaltung:**
Katja Pelzner, dialog

**Fotonachweise:**
Judith Behnen (S.2,S.8,S.48,S.71,S.76,S.77,S.90),
Herbert Liebl SJ (S.11), Angela Hellmuth/JRS
(S.16, S.18,S.80), Gunter Kroemer (S.22,S.68),
Mark Raper SJ (S.32,S.101), Kike Figaredo SJ (S.33),
Bildarchiv Jesuitenmission (S.34,S.35,S.41),
Toni Kurmann SJ (S.40,S.51,S.91), Peter Balleis SJ
(S.42,S.75), Klaus Väthröder SJ (S.43), Martin Mauderer
(S.98), Wolfgang Noack (Rücktitel)

**Kunstnachweise:**
Kunstarchiv Jesuitenmission

## Die Künstler

### Solomon Raj

Der Künstler und evangelische Pastor Dr. Solomon Raj wurde 1921 im südindischen Nigrahapun geboren. Als Schuljunge durfte er für einen Maler, der im Nachbardorf unter einem Mangobaum Kulissen malte, die Farben mischen. Diese Faszination für Farbe und Leinwand hat ihn nie mehr verlassen. Er studierte Kunst, Pädagogik und Theologie. Berühmt ist er für seine Batiken und Holzschnitte, zu denen er oft selbst Texte schreibt. Auch die beiden Gebete auf den Seiten 78-79 sind eine Koproduktion von ihm und Joe Übelmesser. (Kunstwerke von Solomon Raj: Titelbild, S.24-27, S.74, S.78-79)

### Jyoti Sahi

Jyoti Sahi wurde 1944 im indischen Pune als Sohn eines Inders und einer Engländerin geboren. Mit sieben Jahren begann er zu malen. Nach einem Kunststudium in London arbeitete er zunächst als Kunstlehrer, um dann nahe Bangalore einen Künstler-Ashram zu gründen, in dem er seitdem mit seiner Familie lebt. Er gilt als einer der einflussreichsten christlichen Künstler Indiens. (Kunstwerke von Jyoti Sahi: S.12, S.39, S.52-67, S.102-109)

### Anjali D'Souza

Die in Kalkutta geborene und aufgewachsene Anjali D'Souza ist eine Schülerin von Jyoti Sahi. Nach ihrem Kunststudium, das sie 1984 mit einem Diplom abschloss, zog sie in den Ashram von Jyoti Sahi und entwickelte ein starkes Interesse an den therapeutischen

Funktionen von Kunst. 1988 kam sie für ein Aufbaustudium der Kunsttherapie nach England, wo sie seitdem lebt. (Kunstwerk von Anjali D'Souza: S.15)

## Sohini Das Gupta

Sohini Das Gupta wurde 1971 in Bombay geboren. Die Künstlerin, die auch eine ausgebildete Fotografin, Grafikerin und Buchhalterin ist, lebt und arbeitet in ihrer Heimatstadt.
(Kunstwerk von Sohini Das Gupta: S.21)

## Irineo Alfredo Benítez

Der argentinische Maler Irineo Alfredo Benítez wurde 1970 im nordargentinischen Orán geboren. Er hat als Autodidakt nach dem Abitur in Orán zu malen begonnen und war nie auf einer Kunstschule. Neben religiösen und gesellschaftskritischen Themen malt er Auftragsarbeiten für Firmen. In Orán sind vor allem seine Wandgemälde bekannt, die in Kirchen und auf öffentlichen Flächen zu sehen sind.
(Kunstwerke von Irineo Alfredo Benítez: S.28-31)

## Arun Pardhe

Arun Pardhe wurde 1958 im indischen Bundesstaat Maharashtra als ältestes von neun Kindern geboren. Schon während der Schulzeit bei den Jesuiten zeigte sich sein künstlerisches Talent, das durch die Jesuiten gefördert wurde. Nach drei Jahren als Kunstlehrer an einem Gymnasium in Pune konnte er bei Jyoti Sahi in die Lehre gehen. Heute lebt und arbeitet Arun Pardhe mit seiner Familie in der Nähe von Bangalore und betreibt dort auch eine Malschule für Kinder.
(Kunstwerke von Arun Pardhe: S.44-47)

## Joseph Mulamba

Der kongolesische Künstler Joseph Mulamba wurde 1964 in Kinshasa geboren. Nach einem Kunststudium lebt und arbeitet er heute im Centre Culturel Boboto in Kinshasa. Viele seiner Bilder haben einen biblischen Bezug und entstehen nach der Meditation von Schriftstellen. (Kunstwerke von Joseph Mulamba: S.82-89)

## MD Prasa

Der indonesische Maler MD Prasa zählt zum Kreis um den Künstler Mujung, der in einer Künstlerkolonie im Dorf Penestanan auf Bali lebt. 1956 wurde sie vom holländischen Maler Arie Smit begründet, der Kinder aus dem Dorf ausbildete. Daraus entstand die Künstlergruppe „Young Artists", zu der auch MD Prasa und der bekannte balinesische Maler Mujung gehören.
(Kunstwerk von MD Prasa: S.93)

## Angelo da Fonseca

Angelo da Fonseca (1902-1967) entstammt einer tiefchristlichen Familie aus Goa, die die Herkunft ihres Glaubens auf die Zeit des Hl. Franz Xaver (1506-1552) zurückführen kann. Nach seiner Schulzeit in Pune studierte er zunächst Medizin, bevor er seine Berufung erkannte, das Evangelium durch seine Bilder in indischem Gewande zu verkünden. Er gilt als Vorreiter der christlichen Kunst in Indien.
(Kunstwerke von Angelo da Fonseca: S.94-97)